Impressum
Verlag: BABADADA GmbH, Nedderfeld 112 , 22529 Hamburg
Geschäftsführer / Verlagsleitung: Harald Hof
Druck: Books on Demand GmbH, In de Tarpen 42, 22848 Norderstedt

Imprint
Publisher: BABADADA GmbH, Nedderfeld 112 , 22529 Hamburg, Germany
Managing Director / Publishing direction: Harald Hof
Print: Books on Demand GmbH, In de Tarpen 42, 22848 Norderstedt

klaslokaal
教室

delen
除

186/2

bord
黑板

speelplaats
校园

leerkracht
老师

papier
纸

schrijven
书写

pen
钢笔

bureau
办公桌

liniaal
直尺

boek
书

leerling
学生

schooltas

书包

pennenzak

铅笔盒

potlood

铅笔

puntenslijper

卷笔刀

gom

橡皮擦

tekenblok

画板

tekening

图画

verfborstel

画笔

verfdoos

颜料盒

schaar

剪刀

lijm

胶水

werkboek

练习册

huiswerk

家庭作业

nummer

数字

optellen

加

aftrekken

减

vermenigvuldigen

乘

rekenen

计算

letter

字母

alfabet

字母表

woord

字

tekst

课文

Lezen

读

krijt

粉笔

les

上课

klassenboek

登记

examen

考试

certificaat

证书

schooluniform

校服

onderwijs

教育

encyclopedie

百科全书

universiteit

大学

microscoop

显微镜

kaart

地图

papiermand

废纸筐

hotel
酒店

jeugdherberg
青年旅社

wisselkantoor
外币兑换处

koffer
手提箱

auto
汽车

Taal
语言

ja / nee
是/否

oké
好的

hallo
您好

vertaler
翻译员

bedankt
谢谢

Hoeveel kost ...?

......多少钱？

Ik begrijp het niet

我不明白

probleem

问题

Goedenavond!

晚上好！

Goedemorgen!

早上好！

Goedenavond!

晚安！

Tot ziens

再见

richting

方向

bagage

行李

zak

包

rugzak

双肩包

gast

客人

kamer

房间

slaapzak

睡袋

tent

帐篷

toeristeninformatie

旅游信息

strand

海滩

kredietkaart

信用卡

ontbijt

早餐

lunch

午餐

avondeten

晚餐

ticket

票

lift

电梯

postzegel

邮票

grens

边界

douane

海关

ambassade

大使馆

visum

签证

paspoort

护照

transport
交通运输

vliegtuig
飞机

schip
▶船

brandweerwagen
消防车

bus
公交车

vrachtwagen
卡车

motorboot
汽艇

fiets
自行车

auto
汽车

veerboot

摆渡船

boot

小船

motor

摩托车

politiewagen

警车

racewagen

赛车

huurauto

租车

transport - 交通运输

carpoolen

拼车

sleepwagen

拖车

vuilniswagen

垃圾车

motor

发动机

benzine

汽油

benzinestation

加油站

verkeersbord

交通标志

verkeer

交通

file

交通堵塞

parkeerplaats

停车场

station

火车站

sporen

轨道

trein

火车

tram

电车

wagon

货车

helikopter

直升机

luchthaven

机场

toren

塔

passagier

乘客

container

集装箱

karton

纸板箱

kar

手推车

mand

篮子

opstijgen / landen

起飞/降落

stad

城市

dorp

村庄

stadscentrum

市中心

huis

房子

bioscoop
电影院

reclame
广告

straatlantaarn
路灯

straat
街道

taxi
出租车

kiosk
小吃店

voetganger
行人

trottoir
人行道

zebrapad
斑马线

vuilnisbak
垃圾箱

kruispunt
十字路口

verkeerslichten
红绿灯

hut
小屋

woning
公寓

station
火车站

stadshuis
市政厅

museum
博物馆

school
学校

universiteit

大学

bank

银行

ziekenhuis

医院

hotel

酒店

apotheek

药房

kantoor

办公室

boekwinkel

书店

winkel

商店

bloemenwinkel

花店

supermarkt

超市

markt

市场

warenhuis

百货商店

vishandelaar

鱼店

winkelcentrum

购物中心

haven

海港

park

公园

bank

长凳

brug

桥

trap

楼梯

metro

地铁

tunnel

隧道

bushalte

公交车站

bar

酒吧

restaurant

餐馆

brievenbus

邮筒

straatnaambord

路标

parkeermeter

停车计时器

zoo

动物园

zwembad

游泳馆

moskee

清真寺

boerderij

农场

milieuverontreiniging

污染

kerkhof

墓地

kerk

教堂

speelplaats

操场

tempel

寺庙

landschap

地形

blad
树叶

wegwijzer
指示牌

weg
路

weide
草地

steen
石头

boom
树

wandelaar
徒步旅行者

rivier
河

gras
草

bloem
花

vallei

峡谷

heuvel

山

meer

湖

bos

森林

woestijn

沙漠

vulkaan

火山

kasteel

城堡

regenboog

彩虹

paddenstoel

蘑菇

palmboom

棕榈树

mug

蚊子

vlieg

苍蝇

mier

蚂蚁

bijl

蜜蜂

spin

蜘蛛

kever

甲虫

kikker

青蛙

eekhoorn

松鼠

egel

刺猬

haas

野兔

uil

猫头鹰

vogel

鸟

zwaan

天鹅

wild zwijn

野猪

hert

鹿

eland

麋鹿

dam

水坝

windturbine

风力发电机

zonnepaneel

太阳能电池板

klimaat

气候

ober
服务员

menu
菜单

stoel
椅子

soep
汤

pizza
披萨饼

tafelkleed
桌布

bestek
餐具

voorgerecht

前菜

hoofdgerecht

主菜

nagerecht

甜点

drankjes

饮料

eten

食物

fles

瓶子

fastfood

快餐

street food

街边小吃

theepot

茶壶

suikerpot

糖盒

portie

一份饭菜

espressomachine

意式咖啡机

kinderstoel

高脚椅

rekening

账单

dienblad

托盘

mes

刀

vork

餐叉

lepel

勺子

theelepel

茶匙

serviette

餐巾

glas

玻璃杯

bord

碟子

soepbord

汤盘

schoteltje

碟子

saus

酱

zoutvatje

盐瓶

pepermolen

胡椒磨

azijn

醋

olie

食用油

kruiden

调味料

ketchup

番茄酱

mosterd

芥末

mayonaise

蛋黄酱

supermarkt
超市

aanbieding
特价

FOR

klant
顾客

zuivelproducten
乳制品

fruit
水果

winkelwagen
购物车

slagerij

肉铺

bakkerij

面包房

wegen

称重

groenten

蔬菜

vlees

肉

diepvriesvoedsel

冷冻食品

charcuterie

冷盘

conserven

罐头食品

waspoeder

洗衣粉

snoep

甜食

huishoudproducten

日用品

schoonmaakproducten

清洁用品

verkoopster

销售员

kassa

收银机

kassier

收银员

boodschappenlijstje

购物清单

openingstijden

开放时间

portefeuille

钱包

kredietkaart

信用卡

tas

袋子

plastieken zakje

塑料袋

water

水

sap

果汁

melk

牛奶

cola

可乐

wijn

红酒

bier

啤酒

alcohol

酒

cacao

可可

thee

茶

koffie

咖啡

espresso

意式浓缩咖啡

cappuccino

卡布奇诺

banaan

香蕉

appel

苹果

sinaasappel

橙子

meloen

西瓜

citroen

柠檬

wortel

胡萝卜

knoflook

大蒜

bamboe

竹子

ajuin

洋葱

champignon

蘑菇

noten

坚果

noodles

面条

spaghetti

意大利面条

rijst

米饭

salade

沙拉

frieten

薯条

gebakken aardappelen

炸土豆

pizza

披萨饼

hamburger

汉堡包

sandwich

三明治

kalfslapje

炸猪排

ham

火腿

salami

萨拉米

worst

香肠

kip

鸡肉

braden

烤肉

vis

鱼

havervlokken

燕麦片

muesli

穆兹利

cornflakes

玉米片

bloem

面粉

croissant

羊角面包

pistolet

面包卷

brood

面包

toast

烤面包

koekjes

饼干

boter

黄油

kwark

凝乳

taart

蛋糕

ei

蛋

spiegelei

煎蛋

kaas

奶酪

ijs

冰激凌

suiker

糖

honing

蜂蜜

confituur

果酱

choco

巧克力酱

curry

咖喱饭

boerderij
农舍

schuur
粮仓

strobaal
稻草捆

veld
田野

paard
马

aanhangwagen
拖车

veulen
马驹

tractor
拖拉机

ezel
驴

lam
羔羊

schaap
羊

geit

山羊

koe

奶牛

kalf

牛犊

varken

猪

biggetje

小猪

stier

公牛

gans

鹅

eend

鸭

kuiken

小鸡

kip

母鸡

haan

公鸡

rat

鼠

kat

猫

muis

老鼠

os

牛

hond

狗

hondenhok

狗屋

tuinslang

花园浇水软管

gieter

洒水壶

zeis

长柄大镰刀

ploeg

犁

sikkel

镰刀

schoffel

锄头

hooivork

长柄草耙

bijl

斧头

kruiwagen

独轮手推车

trog

饲料槽

melkkan

牛奶罐

zak

麻布袋

hek

栅栏

stal

马厩

broeikas

温室

bodem

土壤

zaad

种子

mest

肥料

maaidorser

联合收割机

oogsten

收割

oogst

收割

yam

山药

tarwe

小麦

soja

大豆

aardappel

土豆

maïs

玉米

koolzaad

油菜籽

fruitboom

果树

maniok

树薯

graan

谷物

schoorsteen
烟囱

dak
屋顶

regenpijp
落水管

raam
窗户

garage
车库

deurbel
门铃

deur
门

vuilnisbak
垃圾桶

brievenbus
信箱

tuin
花园

woonkamer

客厅

badkamer

浴室

keuken

厨房

slaapkamer

卧室

kinderkamer

儿童房

eetkamer

餐厅

vloer

地板

muur

墙壁

plafond

吊顶

kelder

地窖

sauna

桑拿

balkon

阳台

terras

露台

zwembad

游泳池

grasmaaier

割草机

dekbedovertrek

被单

dekbed

床罩

bed

床

bezem

扫帚

emmer

水桶

schakelaar

开关

behangpapier
壁纸

foto
照片

lamp
台灯

schap
搁架

kast
橱柜

open haard
壁炉

televisie
电视机

bloem
花

kussen
垫子

sofa
沙发

vaas
花瓶

afstandsbediening
遥控器

mat
地毯

gordijn
窗帘

tafel
餐桌

stoel
椅子

schommelstoel
摇椅

fauteuil
扶手椅

boek

书

deken

毯子

decoratie

装饰品

brandhout

木柴

film

电影

stereo-installatie

高保真音响

sleutel

钥匙

krant

报纸

schilderij

油画

poster

海报

radio

收音机

notitieboekje

笔记本

stofzuiger

吸尘器

cactus

仙人掌

kaars

蜡烛

koelkast
冰箱

microgolfoven
微波炉

keukenweegschaal
厨房秤

broodrooster
烤面包机

afwasmiddel
洗洁精

oven
烤箱

vriesvak
冰柜

vuilnisbak
垃圾桶

vaatwasmachine
洗碗机

fornuis

炊具

pot

锅

gietijzeren pot

铸铁锅

wok / kadai

炒锅

pan

平底锅

waterkoker

水壶

stoomkoker

蒸锅

bakplaat

烤盘

servies

陶瓷锅

mok

马克杯

kom

碗

eetstokjes

筷子

pollepel

长柄勺

spatel

铲子

garde

搅拌器

vergiet

滤网

zeef

筛子

rasp

磨碎机

mortier

研钵

barbecue

烧烤

haardvuur

明火

snijplank

菜板

deegrol

擀面杖

kurkentrekker

开瓶器

blik

罐子

blikopener

开罐器

pannenlap

隔热手套

gootsteen

水槽

borstel

刷子

spons

海绵

blender

搅拌机

vriezer

冷藏箱

papfles

奶瓶

kraan

水龙头

verwarming
供暖设备

douche
淋浴

handdoek
毛巾

douchegordijn
浴帘

bubbelbad
泡沫浴

badkuip
浴缸

glas
玻璃杯

wasmachine
洗衣机

kraan
水龙头

tegels
瓷砖

kinderpo
便壶

gootsteen
水槽

toilet

厕所

hurktoilet

蹲便器

bidet

坐浴器

urinoir

小便池

toiletpapier

厕纸

toiletborstel

马桶刷

tandenborstel

牙刷

tandpasta

牙膏

flosdraad

牙线

wassen

洗

handdouche

手持式喷淋头

bidethanddouche

冲洗器

waskom

洗脸盆

rugborstel

擦背刷

zeep

肥皂

douchegel

沐浴露

shampoo

洗发水

washandje

法兰绒

afvoer

排水

crème

乳霜

deodorant

除臭剂

spiegel

镜子

handspiegel

手镜

scheermes

剃须刀

scheerschuim

剃须泡沫

aftershave

须后水

kam

梳子

borstel

刷子

haardroger

吹风机

haarlak

喷发定型剂

make-up

化妆品

lippenstift

唇膏

nagellak

指甲油

watten

化妆棉

nagelknipper

指甲剪

parfum

香水

toilettas

洗漱包

kruk

凳子

weegschaal

计重秤

badjas

浴袍

latex handschoenen

橡胶手套

tampon

卫生棉条

maandverband

卫生巾

chemisch toilet

化学厕所

wekker
闹钟

knuffel
毛绒玩具

speelgoedauto
玩具车

rammelaar
拨浪鼓

poppenhuis
玩具屋

geschenk
礼物

ballon

气球

bed

床

kinderwagen

（洋娃娃用）婴儿车

spel kaarten

扑克牌

puzzel

拼图

stripboek

漫画

legoblokjes

乐高积木

blokken

积木玩具

actiefiguur

玩具人

kruippakje

婴儿服

frisbee

飞盘

mobiel

床铃玩具

bordspel

棋盘游戏

dobbelsteen

骰子

modelspoorweg

火车模型

fopspeen

安抚奶嘴

feest

聚会

prentenboek

绘本

bal

球

pop

洋娃娃

spelen

玩

zandbak

沙坑

schommel

秋千

speelgoed

玩具

spelconsole

游戏机

driewieler

三轮车

knuffelbeer

泰迪熊

kleerkast

衣柜

kleding

衣服

sokken

袜子

kousen

长袜

maillot

紧身裤

sjaal
围巾

paraplu
雨伞

riem
皮带

T-shirt
T恤

laarzen
靴子

slippers
拖鞋

sneakers
运动鞋

sandalen
凉鞋

schoenen
鞋

rubberlaarzen
雨靴

onderbroek
内裤

beha
胸罩

onderhemd
背心

kleding - 衣服

lichaam

身体

broek

裤子

jeans

牛仔裤

rok

短裙

blouse

女式衬衫

hemd

衬衫

trui

套头衫

capuchontrui

卫衣

blazer

西装夹克

jas

夹克

jas

外套

regenjas

雨衣

kostuum

套装

jurk

连衣裙

trouwjurk

婚纱

pak

西装

nachthemd

睡袍

pyjama

睡衣

sari

莎丽

hoofddoek

头巾

tulband

包头巾

boerka

波卡

kaftan

卡夫坦

abaya

(阿拉伯式)长袍

badpak

泳衣

zwembroek

男式泳裤

short

短裤

trainingspak

运动服

schort

围裙

handschoenen

手套

knoop

纽扣

bril

眼镜

armband

手链

ketting

项链

ring

戒指

oorbel

耳环

pet

便帽

kapstok

衣架

hoed

帽子

das

领带

rits

拉链

helm

头盔

bretellen

背带

schooluniform

校服

uniform

制服

slabbetje

围兜

fopspeen

安抚奶嘴

luier

尿不湿

server
服务器

dossierkast
文件柜

printer
打印机

papier
纸

monitor
显示屏

bureau
办公桌

muis
鼠标

map
文件夹

toestenbord
键盘

papiermand
废纸筐

computer
电脑

stoel
椅子

koffiemok

咖啡杯

rekenmachine

计算器

internet

因特网

laptop

笔记本电脑

brief

信件

bericht

消息

gsm

手机

netwerk

网络

kopieerapparaat

复印机

software

软件

telefoon

电话

stopcontact

插座

fax

传真机

formulier

表格

document

文件

kopen

买

betalen

付钱

handelen

交易

geld

现金

 USD

dollar

美元

 EUR

euro

欧元

 JPY

yen

日元

 RUB

roebel

卢布

 CHF

Zwitserse frank

瑞士法郎

 CNY

Chinese renminbi

人民币

 INR

roepie

卢比

geldautomaat

提款处

wisselkantoor

外币兑换处

goud

金

zilver

银

olie

石油

energie

能源

prijs

价格

contract

合同

belasting

税金

aandeel

股票

werken

工作

werknemer

职员

werkgever

老板

fabriek

工厂

winkel

商店

economie - 经济

politieagent
警官

brandweerman
消防员

piloot
飞行员

dokter
医生

kok
厨师

tuinman

园丁

timmerman

木匠

naaister

裁缝

rechter

法官

chemicus

化学家

acteur

演员

buschauffeur

公交车司机

taxichauffeur

出租车司机

visser

渔夫

schoonmaakster

清洁女工

dakdekker

屋顶工

ober

服务员

jager

猎人

schilder

画家

bakker

面包师

elektricien

电工

bouwvakker

建筑工人

ingenieur

工程师

slager

屠夫

loodgieter

水管工

postbode

邮递员

soldaat

士兵

architect

建筑师

kassier

收银员

bloemist

花农

kapper

理发师

conducteur

售票员

mecanicien

机械师

kapitein

船长

tandarts

牙医

wetenschapper

科学家

rabbijn

拉比

imam

伊玛目

monnik

和尚

geestelijke

牧师

hamer
铁锤

schroevendraaier
螺丝刀

tang
钳子

schroefsleutel
扳手

zaklamp
手电筒

graafmachine

挖掘机

gereedschapskoffer

工具箱

ladder

梯子

zaag

锯子

spijkers

钉子

boormachine

钻机

repareren

修

schop

铲子

Verdomme!

靠！

blik

簸箕

verfpot

油漆桶

schroeven

螺丝

muziekinstrumenten
乐器

luidspreker
扬声器

drumstel
打击乐器

gitaar
吉他

contrabas
低音提琴

trompet
小号

piano

钢琴

viool

小提琴

basgitaar

贝斯

pauk

定音鼓

trommels

鼓

keyboard

电子琴

saxofoon

萨克斯管

fluit

长笛

microfoon

麦克风

tijger
老虎

ingang
入口

kooi
笼子

zebra
斑马

diereneten
动物饲料

panda
熊猫

dieren

动物

olifant

大象

kangoeroe

袋鼠

neushoorn

犀牛

gorilla

大猩猩

beer

熊

kameel

骆驼

struisvogel

鸵鸟

leeuw

狮子

aap

猴子

flamingo

火烈鸟

papegaai

鹦鹉

ijsbeer

北极熊

pinguïn

企鹅

haai

鲨鱼

pauw

孔雀

slang

蛇

krokodil

鳄鱼

dierenverzorger

动物园管理员

zeehond

海豹

jaguar

美洲豹

pony

矮种马

luipaard

豹

nijlpaard

河马

giraffe

长颈鹿

adelaar

老鹰

wild zwijn

野猪

vis

鱼

zeeschildpad

龟

walrus

海象

vos

狐狸

gazelle

羚羊

rugby
橄榄球

wielrennen
骑自行车

tennis
网球

basketbal
篮球

zwemmen
游泳

boksen
拳击

ijshockey
冰球

voetbal

英式足球

badminton

羽毛球

atletiek

田径

handbal

手球

skiën

滑雪

polo

马球

springen
跳

lachen
笑

knuffelen
拥抱

zingen
唱

wandelen
走路

bidden
祈祷

kussen
亲吻

dromen
做梦

schrijven
书写

tekenen
画

tonen
展示

duwen
推

geven
给

nemen
拿

hebben

有

doen

做

zijn

当

staan

站

lopen

跑

trekken

拉

gooien

扔

vallen

摔倒

liggen

躺

wachten

等待

dragen

携带

zitten

坐

aankleden

穿衣

slapen

睡觉

ontwaken

醒来

kijken naar

看

wenen

哭

aaien

抚摸

kammen

梳头

praten

交谈

begrijpen

明白

vragen

问

luisteren

听

drinken

喝

eten

吃

opruimen

清理

houden van

爱

koken

做饭

rijden

开车

vliegen

飞

zeilen

航行

rekenen

计算

Lezen

读

leren

学习

werken

工作

trouwen

结婚

naaien

缝

tandenpoetsen

刷牙

doden

杀

roken

抽烟

sturen

寄

grootmoeder
祖母

grootvader
祖父

vader
父亲

moeder
母亲

baby
婴童

dochter
女儿

zoon
儿子

gast

客人

tante

阿姨

oom

叔叔

broer

兄弟

zus

姐妹

voorhoofd
前额

oog
眼睛

schouder
肩膀

vinger
手指

gezicht
脸

kin
下巴

hand
手

borst
乳房

been
腿

arm
手臂

baby

婴童

man

男人

vrouw

女人

meisje

女孩

jongen

男孩

hoofd

头

rug

背部

buik

肚子

navel

肚脐

teen

脚趾

hiel

脚后跟

bot

骨头

heup

臀部

knie

膝盖

elleboog

手肘

neus

鼻子

zitvlak

屁股

huid

皮肤

wang

脸颊

oor

耳朵

lip

嘴唇

mond

嘴

tand

牙齿

tong

舌头

hersenen

脑

hart

心脏

spier

肌肉

long

肺

lever

肝脏

maag

胃

nieren

肾脏

seks

性交

condoom

避孕套

eicel

卵子

sperma

精子

zwangerschap

怀孕

menstruatie

月经

vagina

阴道

penis

阴茎

wenkbrauw

眉毛

haar

头发

nek

脖子

ziekenhuis
医院

ambulance
救护车

rolstoel
轮椅

breuk
骨折

dokter

医生

spoed

急诊室

verpleegkundige

护士

noodgeval

紧急情况

bewusteloos

昏迷

pijn

痛

verwonding

受伤

bloeding

出血

hartaanval

心脏病发作

beroerte

中风

allergie

过敏

hoest

咳嗽

koorts

发烧

griep

流感

diarree

腹泻

hoofdpijn

头痛

kanker

癌症

diabetes

糖尿病

chirurg

外科医生

scalpel

手术刀

operatie

手术

CT

CT

röntgenstraal

X光

ultrageluid

超声波

gezichtsmasker

口罩

ziekte

疾病

wachtkamer

候诊室

kruk

拐杖

pleister

石膏

verband

绷带

injectie

注射

stethoscoop

听诊器

brancard

担架

thermometer

体温计

geboorte

出生

overgewicht

超重

hoorapparaat

助听器

ontsmettingsmiddel

消毒液

infectie

感染

virus

病毒

HIV / AIDS

艾滋病

medicijn

药物

vaccinatie

接种疫苗

tabletten

药片

pil

药丸

noodoproep

急救电话

bloeddrukmeter

血压计

ziek / gezond

生病/健康

Help!

救命！

alarm

警报

overval

突击

aanval

攻击

gevaar

危险

nooduitgang

紧急出口

Brand!

着火啦！

brandblusser

灭火器

ongeval

意外

EHBO-kit

急救箱

SOS

呼救信号

politie

警察

Europa

欧洲

Noord-Amerika

北美洲

Zuid-Amerika

南美洲

Afrika

非洲

Azië

亚洲

Australië

澳洲

Atlantische Oceaan

大西洋

Stille Oceaan

太平洋

Indische Oceaan

印度洋

Antarctische Oceaan

南冰洋

Arctische Oceaan

北冰洋

Noordpool

北极

Zuidpool

南极

Antarctica

南极洲

aarde

地球

land

陆地

zee

海

eiland

岛

natie

国家

staat

国家

wijzerplaat

钟面

uurwijzer

时针

minuutwijzer

分针

secondewijzer

秒针

Hoe laat is het?

现在几点？

dag

天

tijd

时间

nu

现在

digitale horloge

电子表

minuut

分

uur

时

maandag
周一

MO

woensdag
周三

W 周三

vrijdag
周五

FR

TU

TH

SA

SO

dinsdag
周二

zaterdag
周六

donderdag
周四

zondag
周日

gisteren

昨天

vandaag

今天

morgen

明天

ochtend

早晨

middag

中午

avond

晚上

MO	TU	WE	TH	FR	SA	SU
1	2	3	4	5	6	7
8	9	10	11	12	13	14
15	16	17	18	19	20	21
22	23	24	25	26	27	28
29	30	31	1	2	3	4

werkdagen

工作日

MO	TU	WE	TH	FR	SA	SU
1	2	3	4	5	6	7
8	9	10	11	12	13	14
15	16	17	18	19	20	21
22	23	24	25	26	27	28
29	30	31	1	2	3	4

weekend

周末

regen
雨

regenboog
彩虹

sneeuw
雪

wind
风

lente
春

herfst
秋

zomer
夏

winter
冬

weervoorspelling

天气预报

thermometer

温度计

zonneschijn

阳光

wolk

云

mist

雾

vochtigheid

潮湿

bliksem

闪电

donder

打雷

storm

风暴

hagel

冰雹

moesson

季风

overstroming

洪水

ijs

冰

januari

一月

februari

二月

maart

三月

april

四月

mei

五月

juni

六月

juli

七月

augustus

八月

september

九月

oktober

十月

november

十一月

december

十二月

vormen
形状

cirkel

圆形

kwadraat

正方形

rechthoek

长方形

driehoek

三角形

bol

球体

kubus

立方体

wit

白

geel

黄

oranje

橙

roze

粉

rood

红

paars

紫

blauw

蓝

groen

绿

bruin

棕

grijs

灰

zwart

黑

veel / weinig

很多/少许

boos / kalm

生气/平静

mooi / lelijk

美/丑

begin / einde

首/尾

groot / klein

大/小

licht / donker

明/暗

broer / zus

兄弟/姐妹

proper / vuil

干净/肮脏

volledig / onvolledig

完整/缺失

dag / nacht

白天/晚上

dood / levend

死/生

breed / smal

宽/窄

eetbaar / oneetbaar

可食用/非食用

kwaadaardig / vriendelijk

邪恶/善良

opgewonden / verveeld

兴奋/无聊

dik / dun

胖/瘦

eerst / laatst

第一/最后

vriend / vijand

朋友/敌人

vol / leeg

满/空

hard / zacht

硬/软

zwaar / licht

重/轻

honger / dorst

饿/渴

ziek / gezond

生病/健康

illegaal / legaal

非法/合法

intelligent / dom

聪明/愚笨

links / rechts

左/右

dichtbij / veraf

近/远

nieuw / gebruikt

新/旧

niets / iets

没有/有些

oud / jong

老/幼

aan / uit

开/关

open / dicht

打开/合上

stil / luid

安静/吵闹

rijk / arm

富/穷

juist / fout

对/错

ruw / glad

粗糙/光滑

droevig / blij

伤心/高兴

kort / lang

短/长

traag / snel

慢/快

nat / droog

湿/干

warm / koud

温暖/凉爽

oorlog / vrede

战争/和平

nul

零

één

一

twee

二

drie

三

vier

四

vijf

五

zes

六

zeven

七

acht

八

negen

九

tien

十

elf

十一

12

twaalf

十二

13

dertien

十三

14

veertien

十四

15

vijftien

十五

16

zestien

十六

17

zeventien

十七

18

achtien

十八

19

negentien

十九

20

twintig

二十

100

honderd

百

1.000

duizend

千

1.000.000

miljoen

百万

Talen
语言

Engels

英语

Amerikaans Engels

美式英语

Chinees (Mandarijn)

普通话

Hindi

印地语

Spaans

西班牙语

Frans

法语

Arabisch

阿拉伯语

Russisch

俄语

Portugees

葡萄牙语

Bengali

孟加拉语

Duits

德语

Japans

日语

ik

我

u

你

hij / zij / het

他/她/它

wij

我们

u

你们

ze

他们

wie?

谁？

wat?

什么？

hoe?

怎样？

waar?

哪里？

wanneer?

什么时候？

naam

名字

方位

achter

后面

in

里面

voor

前面

boven

上方

op

上面

onder

下面

naast

旁边

tussen

中间

plaats

地点